SECRET KINDNESS AGENTS:

(AGENTES SECRETOS DE BONDAD)

Como Pequeños Actos de Bondad
Realmente Pueden Cambiar Al Mundo

FERIAL PEARSON

Virginia

Secret Kindness Agents (Agentes Secretos de Bondad)
Como Pequeños Actos de Bondad Realmente Pueden Cambiar Al Mundo
Registro de Derechos de Autor ©2014 por Ferial Pearson

Publicado por WriteLife
(Una imprenta de Boutique of Quality Books Publishing Company)

Arte de la Cubierta: ©Kristy Stark Knapp
Traducido por Jennifer L. López
Impreso en los Estado Unidos de America

ISBN 978-1-60808-211-7 (p)
ISBN 978-1-60808-108 (e)

Primera Edición

EN MEMORIA

Por Sarah Edwards

Emily Dickinson estaba equivocada. La esperanza no es "algo con plumas". Esperar es un verbo.

Era diciembre cuando Avielle fue asesinada. Al principio no utilicé la palabra "asesinada" porque un asesinato no ocurre en un lugar dedicado a las matemáticas y proyectos de arte. Asesinatos no existen en un pasillo ruidoso donde los amigos gritan planes de fin de semana y dejan pequeños trozos de papel y lápices olvidados. El Asesinato no pertenece en una escuela. Escuelas mantienen la promesa de nuestra nación. Las vidas no se arrebatan en las escuelas. La hija de mi mejor amiga no podría ser una víctima de un tiroteo escolar.

Avielle permanece en mi mente como la última vez que la ví- vivaces rizos marrones que desafiaban el control enmarcando sus ojos risueños. Ella estaba corriendo a través de un campo de césped tomada de la mano de mi hija mientras mi hijo corría detrás de ellas con un bate y una pelota. Mientras los adultos se sentaban en el pórtico viendo un estruendoso paso de tormenta en el horizonte, nuestros niños inventaron su propia versión de un juego de béisbol que involucraba deslizarse en el barro tan a menudo como sea posible. Hablamos sobre cómo nuestros hijos asistieron a escuelas tan increíbles. En lo académico fueron mucho más allá de lo que habíamos aprendido a su edad. Los maestros estaban ayudando a nuestros niños a aprender cómo contribuir como parte de una comunidad.

Comunidad es importante para los padres de Avielle. Pocas horas después del tiroteo, la comunidad nacional se dirigía a su puerta de entrada. Nosotros no pudimos llegar lo suficientemente rápido. Cuando el avión estaba en la pista esperando para despegar, miré por la ventana tratando de evitar una conversación con el hombre sentado a mi lado. No quería

CLASIFICADO

hablar sobre por qué estaba llorando. Minutos después del despegue, él me dio su chaqueta y dijo: "Estás temblando." A mitad del vuelo, tuve el valor de hablar y dije que iba a Newton. Mi mejor amiga vivía en Sandy Hook. El resto del vuelo hablamos en voz baja, haciendo preguntas que no tenían respuestas. Cuando nos levantamos para recoger nuestras cosas y salir del avión, intenté a entregarle su abrigo, pero el extraño se negó a tomarlo. Insistió en que lo mantuviera mientras seguía mi camino hacia Newton. Recuerdo este acto de bondad al azar de las primeras horas después del tiroteo. El hombre quería hacer algo para ayudar.

Montones de peluches en un almacén lleno de cartas demuestran una nación y, de hecho, un mundo lleno de gente que sintió la necesidad de rodear a Newton con un manto de bondad. Muy dentro de nosotros está la necesidad de responder. Así como las leyes de la física enseñan que cada acción tiene una reacción igual y opuesta, este evento tremendamente horrible provocó que decenas de miles de personas reaccionaran en una forma abrumadora de esperanza. Tener esperanza es un verbo.

Al igual que los estudiantes que actuaron en este libro, debemos celebrar oportunidades para apoyarnos activamente y ayudarnos unos a otros como miembros de una comunidad. Como docente, he dedicado mi vida profesional a construir comunidades en el aula; el asesinato de Avielle en una escuela fue un llamado personal a la acción.

La madre de Avielle y yo éramos esas niñas que gritaban en los pasillos hace 40 años. Llevamos una vida de ser amigas de la mejor clase. Valoramos momentos como cuando nuestros niños jueguen bajo la lluvia. Celebramos las aulas que esperan activamente el cambio. Para los padres de Avielle, su esperanza se ha forjado en una firme determinación de tener una conversación sobre la necesidad de que todos pertenezcan a una comunidad. Esto significa investigación y salud cerebral y considerar cómo construimos una sociedad en la que cada miembro sea una parte valiosa del todo. Revisa9 a la organización por ti mismo en www. aviellefoundation.org para tener en cuenta como se ve su esperanza en acción.

PRÓLOGO

Por Daniel Booster

Como profesor de escuela secundaria desde hace ya mucho tiempo, he dedicado una gran cantidad de tiempo a reflexionar sobre la vida de las escuelas. No sorprenderá a nadie que sea parte de la vida de una escuela - un maestro, un estudiante, un miembro del personal- si les dijera que los días que componen la vida de cualquier escuela son complicados, confusos y agitados. Me imagino que incluso las personas que no pasan mucho tiempo en las escuelas son al menos vagamente conscientes de esto. Pero, lo que las personas que están "en el exterior" no ven frecuentemente es que las vidas de las escuelas son también caracterizadas por la belleza, la gracia y tranquilos momentos de inspiración. Por cada cuento de violencia, abuso, acoso escolar y tragedia en las escuelas que salpican las noticias televisivas y los medios sociales, hay tantas, tal vez más, narrativas de esperanza, resiliencia, dignidad y, sí, bondad.

Enseño en la escuela donde Ferial Pearson y estos jóvenes agentes de bondad secreta hicieron su trabajo durante el año escolar 2012-2013. Además, actualmente los tengo en una clase de literatura durante su último año en la escuela secundaria. Esto me lleva a la razón por la que estoy tan emocionado de que Ferial me haya pedido que contribuya con una pequeña parte de este proyecto.

Para comenzar, simplemente me gustan todas las personas involucradas en este proyecto. Para ellos, "bondad" no es simplemente un "proyecto" para ser asignado, reflexionado y descartado. Aunque estoy bastante seguro de que todos ellos fueron amables antes de la tragedia de Sandy Hook y que Ferial les traiga esta idea, creo que la realización de actos de bondad consciente cambió a estos estudiantes.

CLASIFICADO

Realmente son algunos de los estudiantes más considerados con los que he trabajado. Son amables en su ser y agradables para compartir un aula. Ahora, ¿es este proyecto el único responsable de esto? Probablemente no, pero como sus reflexiones dejan en claro, sí marcó la diferencia. Todos llegaron a ver el valor de estas pequeñas obras. Las sonrisas que permanecieron en sus caras después mostraron evidencia de su alegría. Se adhirieron a la sensación de haber hecho algo bueno. Se permitieron sentir empatía y ser vulnerables en actos de servicio. El proyecto que les permite a los estudiantes lograr todo esto se puede contar como un éxito. Sin embargo, eso no es todo lo que hizo.

Según lo que escribieron algunos de los estudiantes, para ellos, este artículo se trataba de ayudar a alguien a llevar algo físicamente. Por supuesto, este es un buen acto de bondad. Sin embargo, mientras leía esta lista, mi mente seguía volviendo a esa frase simple: ayudar a alguien a llevar una carga pesada. En nuestra escuela (y la mayoría de los otros), la carga pesada toma tantas formas como hay estudiantes. Caminamos claramente intimidados por estas cargas pesadas que interfieren con nuestra capacidad de aprender, disfrutar nuestras vidas, simplemente ser. A menudo, nuestras cargas nos parecen abrumadoras. Incluso podemos sentir la tentación de darnos por vencidos, bajar la pesada carga y alejarnos.

Me gusta pensar que todos los actos que estos estudiantes hicieron - los dones monetarios, las palabras amables, las sonrisas, la limpieza de la pizarra - fueron pequeños pasos en el proceso de disminuir esas cargas. ¿Pueden estos actos borrar las dificultades, curar una escuela o una sociedad de sus males? Por supuesto que no. Sin embargo, un proyecto como este puede hacer que algunos jóvenes sean más conscientes de las cargas que cargan otras personas y que los inspiren a tomar medidas en vez de dejar que otros sigan su trayectoria solitariamente. Sé que hicieron que algunos de sus compañeros se sintieran más ligeros, felices y mejor.

En nuestra cultura, donde la idea de practicar actos de bondad puede convertirse en un eslogan sin sentido en una calcomanía de parachoques, estos estudiantes decidieron actuar.

Los escépticos entre nosotros pueden sentir la tentación de decir cosas como: "¿Y qué?" o "Habrá otro tiroteo" o "¿Qué hay de todas las personas a las que no ayudó?" Estas son cosas razonables para preguntarse.

Lo hago, a mí mismo, de vez en cuando, pero me gusta pensar que sé cómo podrían responder estos estudiantes. Podría ser algo como esto: "Sabemos que no podemos hacer que todo sea perfecto, pero estamos tratando de mejorar las cosas. Estamos tratando de ser mejor". Esta respuesta puede darnos mucha esperanza e inspirarnos a ser más bondadosos.

Me siento muy honrado y orgulloso de contribuir a este libro porque creo que es importante para nosotros para proclamar este trabajo. Estos estudiantes cuentan sus historias como una forma de celebrar tanto lo que ya ha sucedido y como una promesa de las grandes cosas que seguramente va a hacer.

TABLA DE CONTENIDO

CLASIFICADO

SECRET KINDNESS AGENTS:
(AGENTES SECRETOS DE BONDAD)

INTRODUCCIÓN

> *Saruman cree que solo un gran poder puede controlar el mal, pero eso no es lo que he encontrado. Descubrí que son los pequeños actos cotidianos de la gente común que mantienen la oscuridad a raya. Pequeños actos de bondad y amor.*
> — Gandalf - J.R.R. Tolkien, *El Hobbit*

Como madre de una niña de primer grado y una maestra de estudiantes que han sido asediado hasta el punto de quebramiento, la tragedia en Sandy Hook en la escuela primaria en Newton, Connecticut, me sacudió hasta la médula. Quería mantener a mis hijos en casa conmigo bajo una manta gigante en el sofá donde podía mantenernos a salvo. Yo sabía que el dolor insoportable de los padres y el resto de la comunidad de Newton sentían, pero luego se me ocurrió que el tirador debe haber estado sufriendo también, para hacer lo que había hecho. Cuando la gente me lastima, siempre siento que están atacando desde un lugar de dolor e inseguridad. Más que nada, me siento impotente, sin poder, y muy asustada.

Cuando hablé con mi hija de seis años y mi hijo de nueve años acerca de la tragedia, me seguían preguntando por qué alguien causaría tal devastación. Mi hija sugirió que, si la gente hubiera sido más amable con él, tal vez las cosas habrían sido diferentes. Mi hijo dijo que se enojaba cuando la gente lo acosaban, y que él querría luchar, pero que alguien sería amable con él, y esto lo ayudaría. Ingenuo y simple, tal vez, pero me preguntaba si había algo en estos comentarios.

Mi marido me recordó que el único lugar donde me siento esperanzada, aunque poderosa,

CLASIFICADO

cuando he perdido un poco de fe en la humanidad, es un aula de clases mientras hablo con los estudiantes. Cuando estudiaba en la Universidad de Nebraska en Omaha para mi Maestría, descubrí el trabajo de educador brasileño Paulo Freire, que fue clave en la idea de la educación "el planteamiento de problemas", donde tantos los estudiantes como los docentes identifican los problemas en sus comunidades y trabajan juntos para resolverlos a través del diálogo, seguido por la acción y la reflexión, repitiendo el ciclo. Cada vez que me encontraba frente a un obstáculo en la enseñanza, me preguntaba a mí misma, "¿qué haría Freire?" y la respuesta vendría a través de los corazones y las mentes de mis alumnos y me ayudaría a superar esa barrera. Bueno, aquí había una pared si alguna vez hubo una. Sabía que tenía que ir con mis alumnos, plantear el problema, tener algún tipo de diálogo con ellos, y juntos descubriríamos la acción y la reflexión que iluminarían la oscuridad de esta tragedia.

Más tarde esa semana, mientras me auto medicaba con mi adicción a Pinterest, encontré la idea de distribuir sobres de "Secret Agent" (Agente Secreto) a los estudiantes con actos de bondad asignados a ellos al azar. Una vez más, pensé: ¿y si las personas hubiesen sido más amables con el tirador? ¿Es posible que la compasión podría haber evitado la tragedia? ¿Qué pasaría si pudiéramos evitar tal tragedia en el futuro haciendo que nuestra escuela sea un lugar más amable? Nunca podremos estar seguros, pero en un momento en que me sentía tan impotente, esta idea me dio una pequeña sensación de poder, y decidí presentar la idea a mis alumnos cuando regresamos de las vacaciones de invierno. Sabían lo que significaba sentirse impotente y sin poder, ser intimidado y acosado, estar enojado, pero también ser el recipiente de la bondad. Me preguntaba si estaban familiarizados con la calidez y la alegría que viene con la expansión de la amabilidad. ¿Podrían descubrir algo de poder y felicidad dentro de ellos mismos? Tuve algunas esperanzas furtivas de maestra. Espero que difundieran la bondad, que ayudaran a construir una comunidad y un sentimiento de familia en el aula, que los estudiantes desarrollen un hábito de amabilidad, desarrollen más empatía, sepan cómo es la compasión y se vuelvan adictos a lo bueno se siente cariñoso. A pesar de mis esperanzas,

no podría haber soñado o estar más sorprendida por lo que estaba por suceder. Este libro es la historia de cómo tratamos de mantener alejada a la oscuridad y cómo nuestras vidas cambiaron en un millón de formas diminutas en el proceso.

NOTA DE LA TRADUCTORA: DE AQUÍ EN ADELANTE SOLO SE ESCRIBIRÁ "SECRET AGENT" PARA REFERISE A AGENTES SECRETOS. EL PROGRAMA DE CUAL HABLAMOS SE ESCRIBIRÁ "SECRET KINDNESS AGENTS" CUAL SIGNIFICA AGENTES SECRETOS DE LA BONDAD Y SE ABREVIARÁ COMO S.K.A. POR SUS SIGLAS EN INGLÉS.

PRIMERA SEMANA

> *Ningún acto de bondad no importa cuán pequeño, se desperdicia.*
> — Aesop

Después de las vacaciones de invierno, mencioné la tragedia de Sandy Hook a la clase de tercer año y les pregunté si querían hablar sobre cómo se sentían y qué estaban pensando. Tenían muchas de las mismas preguntas, sentimientos y pensamientos que mis propios hijos habían tenido. Compartí mis sentimientos acerca de perder la fe en la humanidad después de haber leído las noticias, pero supe por sus caras que todavía quedaba una abundancia de bien en el mundo. Compartí lo que mis hijos dijeron con ellos sobre la idea de que la bondad cambia el mundo, de a poco. Parecían intrigados. Expliqué la idea sobre los sobres de Secret Kindness con asignaciones hechas al azar que vi en Pinterest y dije que tendría listos los sobres; si quisieran uno, podrían obtener uno y completar la tarea, y luego, les daría un pequeño premio. Hablamos sobre la bondad y surgieron algunos ejemplos de cosas que podríamos hacer. Les di la oportunidad de hablar entre ellos y lo volví a plantear la próxima vez que nos encontramos.

Lo que sucedió después me dejó estupefacta. Dijeron: "Si vamos a hacer esto, vamos a hacerlo bien. No queremos premios, y no queremos que esto sea solo de vez en cuando. Haremos esto cada semana, y TODOS lo haremos ". Mi mente dio vueltas con la cantidad de trabajo que esto iba a implicar, la logística, los detalles. ¡Tenían respuestas para todo, por supuesto!

CLASIFICADO

Tuvimos veintiuna personas en la clase, por lo que creamos una lista de veintiún actos de bondad que los estudiantes podrían completar. Mis únicas condiciones eran que tenían que ser cosas que no requirieran dinero o recursos más que tiempo y energía, y tenían que completarse dentro de los confines de la escuela. Si necesitaban ayuda para entregar algo de manera anónima, yo los ayudaría a hacerlo, y si querían agregar caramelos o un obsequio como bonificación, yo también los proporcionaría para que no tuvieran que gastar ninguno de los suyos. dinero en este proyecto. Debatimos si las cosas deberían hacerse de forma anónima o no, y decidimos que deberían hacerlo, siempre que sea posible. Después de una breve sesión de lluvia de ideas en la pizarra y tiras de papel que entregaron con tres ideas cada una, tuvimos una lista final:

MISIONES PARA SECRET KINDNESS AGENT:

- Siéntate y habla con alguien que está siempre solo durante el almuerzo o en la sala de estudio

- Quédate después de la clase por dos minutos para ayudar al maestro a limpiar y arreglar los escritorios.

- Ayuda a alguien a llevar una carga pesada.

- Sonríe y haz contacto visual con todos a quien veas por lo menos por tres días.

- Dale un cumplido honesto y real a alguien con quien no sueles hablar en la escuela y hazlo por la personalidad y el carácter en lugar de la apariencia de la persona.

- Dona ropa limpia y suavemente usada que tú (o tus amigos y familiares) ya no necesitan a la enfermera de la escuela y al trabajador social de la escuela para los estudiantes que puedan necesitarla.

- Come con o pasa el rato con un estudiante con necesidades especiales en la escuela

- Ayuda a los maestros y otros miembros del personal que tienen las manos llenas en los pasillos.

- Siéntate en un lugar diferente durante el almuerzo por lo menos tres días esta semana.

- Escribe una carta de agradecimiento a un alumno en la escuela sobre todas las cosas buenas que los has visto hacer. Este alumno debe ser alguien a quien las personas no suelen notar.

- Ayuda a alguien que está luchando con la tarea o el trabajo de clase al menos una vez esta semana.

- Escribe una nota de agradecimiento a un maestro enumerando todas las cosas que él o ella ha hecho por ti o por otros estudiantes y/o las razones por las que admiras a él o ella. Bono: añade una golosina o un caramelo a la nota y déjalo cuando el profesor no está mirando.

- Escribe una nota de agradecimiento a los limpiadores diciéndoles cuánto admiras y aprecias su trabajo. Bono: agrega dulces o golosinas y déjalos para ellos cuando no estén mirando.

- Escribe una nota de agradecimiento a un administrador de la escuela enumerando todas las razones por las que admiras a él o ella. Bono: añade una golosina o un caramelo a la nota y déjalo cuando el administrador no está mirando.

- Escribe una nota de agradecimiento a un consejero enumerando todas las cosas que él o ella ha hecho por ti o por otros estudiantes. Bono: añade una golosina o un caramelo a la nota y déjalo cuando el consejero no está mirando.

- Ofrécete a ayudar a un maestro a entregar papeles y borrar/escribir en la pizarra para ellos a medida que él o ella enseña.

- Recoge la basura dentro y fuera de la escuela durante media hora después de la escuela por al menos tres días.

- Haz pagarés para los miembros del personal que puedan canjear para que limpies el hielo y la nieve de sus automóviles después de la escuela.

- Averigüa quién celebra su cumpleaños durante el mes corriente (maestros, personal, estudiantes ... depende de usted) y crea tarjetas de cumpleaños con un regalo opcional en el interior. Trata de encontrar a alguien que no sea el más popular o que pueda celebrar su cumpleaños con otros. Déjalo anónimamente.

SEGUNDA SEMANA

> *Uno nunca sabe cuándo un momento y unas pocas palabras sinceras pueden tener un impacto en la vida.*
>
> — Zig Ziglar

Creé veintiún sobres y puse una de las tareas en cada uno, y cada sobre tenía un número del uno al veintiuno en él. Escogí una canción cursi para tocar ("We Are the World") y entré a clase con el corazón palpitante. ¿Qué pasaría si cambiaron de opinión? ¿Y si ellos hablaron con sus amigos sobre esto y decidieron que era una idea tonta?

Eso no sucedió. En cambio, querían llevarlo al siguiente nivel y crear un juramento que recitaríamos cada semana cuando recogiéramos nuestros sobres. También querían hacer una lista de los riesgos que estábamos asumiendo al hacer este proyecto. Tras un breve debate fascinante sobre The Green Lantern, rima esquemas, abreviatura, el consenso, algún pequeño trabajo en grupo y luego regresar como un grupo grande, esto es lo que crearon:

JURAMENTO DE SECRET KINDNESS AGENT:

Acepto de todo corazón todos los días

Cumplir mis amables deberes

De la manera más secreta

Ningún acto bueno, ninguna bondad escapará a mi vista

Cuidado con nuestra bondad: ¡¡¡Poder de los S.K.A.!!!!

RIESGOS DE LOS SECRET KINDNESS AGENTS:

- La gente podría burlarse de mí por ser amable.
- La gente podría pensar que soy una buena persona.
- La cara me podría doler por sonreír demasiado.
- Podría ser que no me den las gracias.
- La gente podría cuestionar mi cordura.
- Podría ser que me convirtiera en una persona más feliz.

Toqué *"We Are The World"*, mientras que todos silenciosamente escogieron un sobre al azar, escribieron sus nombres en el exterior, copiaron la misión en un lugar secreto y volvieron a poner el sobre encima de mi escritorio. Cada uno de nosotros alzó la mano en nuestros propios estilos y recitó el juramento y los riesgos. La clase continuó como de costumbre, y estaban solos en la escuela, extendiendo amabilidad. Para cuando terminaron las clases, me dolía la cara por la sonrisa, y estaba cuestionando mi propia cordura, aunque ya me sentía más feliz. ¡Tal vez había algo en esos riesgos!

TERCERA SEMANA Y EN ADELANTE

> *La bondad en palabras crea confianza.*
> *La bondad en el pensamiento crea profundidad.*
> *La bondad de dar crea amor*
>
> — Lao Tzu

Solo pasamos quince minutos por semana en el proyecto Secret Kindness Agents durante las próximas semanas. Por supuesto, siendo seguidora de Freire, sabía que tenía que haber reflexión después de la acción para que los estudiantes internalizaran y vieran los frutos de lo que lograron, así que al final de cada semana, los estudiantes se tomaron diez minutos para escribir una respuesta de sus diarios, respondiendo algunas preguntas para entregarme:

- •Describe lo que ocurrió.

- ¿Qué pensaste y sentiste sobre lo que pasó?

- ¿Cómo era tu estado de ánimo antes de completar la tarea?

- ¿Cómo era tu estado de ánimo después de completar la tarea?

Repetimos la ceremonia de tocar una canción de justicia social (y no tuve un sinfín de sugerencias de los estudiantes), elegir un sobre, anotar la tarea, recitar el juramento y los riesgos, y luego seguir con la clase como siempre. Solo tomó unos minutos.

Vi sonrisas en algunas caras mientras escribían. Algunos lucharon con poner emociones reales en el papel, pero lo hicieron de todos modos. Lo tomaron en serio. Levantaron sus cabezas cuando los entregaron. Me sentí humilde por su coraje. La oscuridad estaba empezando a levantar.

EFECTO DOMINO DE CASSIE

Ninguna acción de bondad termina en sí misma. Una acción de bondad lleva a otra. El buen ejemplo se sigue. Los actos de bondad echan raíces en todas las direcciones y como en la primavera, las nuevas y los árboles nuevos árboles. El mayor trabajo que la amabilidad hace los demás es que los hace amables ellos mismos

— Amelia Earhart

Cassie fue una de los miembros más tranquilos y trabajadores de nuestra clase. Además de ser una estudiante de tiempo completo, trabajaba tiempo completo en un restaurante local de comida rápida y caminaba allí todos los días después de la escuela para trabajar hasta el cierre del negocio. Ella ahorró $6,400 en efectivo para comprarse un automóvil y le sobraba suficiente para el registro, gasolina, seguro y más. ¡Qué de resiliencia, persistencia y determinación!

Cassie también tenía uno de los corazones más grandes de la clase. Unas semanas dentro de nuestro proyecto, Cassie preguntó en privado si podía hacer algo que no estaba en uno de los sobres: quería dar $ 25 de su propio dinero a un estudiante que no era el más talentoso académicamente, pero que trabajaba duro, quería un futuro mejor, y quién tal vez volaba bajo

el radar. Discutí con ella y le dije que no me sentiría bien dejándola regalar su propio dinero, y que yo le daría los $25. Ella se negó (resulta que también es obstinada), me rendí, así que nos comprometimos. Coincidí con su donación, y dimos dos regalos de $ 25.

Juntas, elaboramos un correo electrónico para el personal del colegio que les pedía que nominaran a un estudiante que cumplía con los criterios de Cassie y explicaba lo que planeábamos hacer. Algunos miembros del personal docente me respondieron por correo electrónico en un día, y otros tres miembros del personal docente donaron $ 25 cada uno, elevando nuestra cantidad de regalos a cinco. Una maestra respondió y dijo que había sido la maestra de Cassie el año anterior y estaba orgullosa de su progreso; ¡Cassie se describía a sí misma hace un año!

Más tarde ese día, publiqué en Facebook sobre lo orgullosa que estaba de Cassie (no mencioné su nombre) y describí su plan. Al final de la semana, tuve cuatro donaciones más: una de un abogado local, un profesor de la universidad y un compañero de trabajo. Un compañero profesor de Freedom Writer, que estaba desempleado en ese momento, me envió dinero por correo y me pidió que me asegurara de que fuera para un padre adolescente o un hijo en custodia del estado. Al final, tuvimos nueve regalos y nueve nominaciones. La cara de Cassie estuvo a punto de abrirse porque su sonrisa era tan grande, cuando le conté acerca del efecto dominó que su idea tuvo en otras personas.

Fuimos a trabajar para decidir cómo distribuir el dinero. Cassie quería que fuera anónimo, y ella quería que fuera una sorpresa total. Los estudiantes en la escuela reciben notas amarillas llamándolos a la oficina, generalmente porque están en problemas, y Cassie pensó que estos serían un gran señuelo. Pasamos una hora después de la escuela creando los sobres de regalo. Escribimos la siguiente nota para cada estudiante y los pusimos en los sobres junto con $ 25 en efectivo:

CLASIFICADO

Querido _____ _____,

Aunque no pienses que las personas notan tu arduo trabajo, queremos que sepas que lo notamos. Eres especial y merecedor de cosas buenas, y esperamos que tu futuro sea brillante. Este dinero es solo para ti. Puedes gastarlo en tí mismo, y no en nadie más.

De los Secret Kindness Agents

Cassie decoró cada sobre, y juntos los rellenamos, los sellamos y se los entregamos a la Sra. Lewis en la oficina principal, quien tuvo la brillante idea de decirle a los destinatarios que los abrieran allí para poder reciclar el pápel. Cassie quería dividirlos en tantos días diferentes como fuera posible para que su "felicidad se extendiera" cuando los veía abrir sus sobres. Le encantaba ver sus reacciones, y escuchamos informes de miembros del personal docente de el gran impacto que esos sobres tuvieron sobre las personas que los recibieron. Hubo incredulidad, lágrimas, conmoción y sonrisas gigantescas. Un estudiante leyó la nota en la oficina, luego se lo vio leyendola nuevamente en la biblioteca y de nuevo en su clase. Cassie no podía dejar de sonreír, y yo tampoco.

¡ESTUVIMOS EN LAS NOTICIAS!

> *Con demasiada frecuencia subestimamos el poder de un toque, una sonrisa, una palabra amable, un oído atento, un cumplido honesto o el más mínimo acto de cuidado, todos los cuales tienen el potencial de cambiar la vida.-*
> — Leo Buscaglia

Se corrió la voz sobre la bondad de Cassie, y pronto, hubo un artículo de noticias sobre los Secret Kindness Agents en Ralston Recorder, el periódico local, escrito por Adam Klinker, un ex alumno de la escuela, y publicado el 8 de mayo de 2013. Aquí está eso historia. Reimprimido con permiso del *Omaha World Herald*.

AGENTES DEL BIEN

por Adam Klinker

¿Quiénes son estos hacedores de delicias? ¿Estos filántropos furtivos? ¿Estos sublíderes de dulzura?

Actos de bondad al azar llegan a nuestras vidas tan raras veces que algunos estudiantes de Ralston High School decidieron quitar parte de la aleatoriedad de ellos.

Los estudiantes en el programa de Avenue Scholars en RHS, dirigido por su profesora Ferial Pearson, ayudaron a idear un sistema mediante el cual pudieran brillar un poco más de luz en los días de los demás.

CLASIFICADO

Han llegado a ser conocidos como los Secret Kindness Agents y en sus dos meses al acecho, han difundido su mensaje en toda su extensión y están rompiendo su silencio para servir como un recordatorio de que todos podemos ayudar a difundir el amor.

"Mucha gente dice 'No te preocupes por lo pequeño' y nunca entendí por qué," dijo la estudiante de tercer año de la Avenue Maribel Navarrete. "Las pequeñas cosas a menudo hacen la mayor diferencia en la vida de una persona. Una pequeña grieta en una base puede provocar problemas importantes".

Pearson dijo que había estado meditando sobre el tema de la bondad después del tiroteo en la escuela de diciembre en Sandy Hook Elementary School en Newtown, Connecticut, que se cobró las vidas de 25 personas-20 de ellos niños.

El autor del tiroteo, Adam Lanza, ha sido retratado en los medios como un solitario enojado y amargado.

"Había estado pensando mucho sobre Sandy Hook durante las vacaciones y me pregunté si se hubiese podido prevenir, si habría habido más bondad en la vida de Adam Lanza", dijo Pearson. Vi en Pinterest una idea en la que le das a tus estudiantes sobres de tareas secretas con actos de bondad al azar y cuando volvimos de las vacaciones les sugerí a los estudiantes que yo tenga los sobres, y quien quiera hacer uno debería llevárselo. "

A tal fin, los estudiantes construyeron de manera constante en las cosas pequeñas en la esperanza de crear una gran escena en RHS.

Los estudiantes tomaron los sobres con vigor, y en poco tiempo, crearon más actos secretos que ellos pudiesen hacer, crearon un juramento para los Secret Kindness Agents de bondad secreta y han hecho de la selección de un sobre una ceremonia en sí misma.

Los estudiantes ahora surcan sus hechos secretos una vez a la semana y también escriben en sus diarios acerca de sus sentimientos en lo que hacen.

"Se siente bien", dijo Junior Ernie Moran. "Hice algo por (la profesora de español) la

señora (Kim) Zeleny y ella me dio un abrazo. Te hace sentir cálido y confuso por dentro para alegrarle el día a alguien y saber que también se siente bien".

The Avenue Scholars continúan agregando para agregar a su repertorio altruista.

Se sentaron con alguien que anteriormente se sentaba solo, entablaron conversaciones con personas con las que normalmente no hablan, dieron tarjetas de cumpleaños anónimamente, dejaron notas alentadoras para estudiantes y profesores.

La historia de Junior Kendra se sumó al conjunto de buenas obras cuando ella misma recibió ayuda de un desconocido que raspó la ventanilla de su automóvil después de una de las muchas tormentas del invierno.

"Me alegraron el día", dijo Story. "Saber que todavía había una buena persona ahí afuera que se preocupa y haría algo así me dio un buen sentimiento".

Mientras que las pequeñas cosas se sumaron, Junior Caslyn Lange también vio la oportunidad de crear un toque más grande.

Usando su propio dinero y también encontrando ayuda de varios donantes, decidió que daría nueve mini-becas de $25 a estudiantes merecedores en la escuela.

Pidió que los maestros nominaran a los estudiantes más merecedores, basándose en criterios tales como el esfuerzo de la clase y en la asistencia.

"No era necesario para los niños con las calificaciones más altas, pero queríamos que sea alguien que lo intente realmente y que simplemente necesite un poco de ayuda", dijo Lange.

Quería que fuera para niños que tienen esperanza para poder darles aún más esperanza. Yo quería decirles "No te rindas solo porque quizás no tengas dinero ", quería decir," mucha gente se preocupa por ti".

Lange y Pearson trabajaron juntas para seleccionar a los finalistas, y en el día de distribución, Lange se sentó en silencio y sin llamar la atención en la oficina principal del RHS

y veía como, uno por uno, los nueve destinatarios del dinero recibieron un sobre decorado con $25 en su interior.

"Se suponía que yo debía ser la chica maleducada que esperaba ver al director", dijo Lange sobre su papel de agente especial incógnito. "Fue divertido verlo y me alegré de verlo. Mucha gente realmente se sorprendió lo que encontraron en el sobre ".

Pearson dijo que el pensamiento fuera del molde de Lang acerca el proyecto de los Secret Agents proporcionó una medida de validación en la tarea.

"Cuando Caslyn quería hacer su tarea especial que no era uno de los que están en los sobres, sabía que algo había tenido sentido en la clase, e hizo que todo el trabajo valga la pena," dijo.

LOS AGENTES

> *Nunca dudes que un pequeño grupo de ciudadanos considerados pueda cambiar el mundo. Verdaderamente, eso es lo único que lo ha logrado.*
> — Margaret Mead

Por supuesto, no puedes ser un agente secreto hasta que tengas un nombre de agente secreto. Este era un problema serio que debía abordarse de inmediato, según mis agentes. Hace unos años, mis alumnos me apodaron "La Bestia" a la que inicialmente me ofendí. Sin embargo, me explicaron que en "el habla adolescente", alguien que es una bestia es una persona que es buena en lo que hacen, así que acepté el cumplido y el apodo. Me siguió a mi nueva escuela de, y cuando llegué a esta clase, se convirtió en "Mamá Bestia" ya que los estudiantes también me vieron como una figura maternal; decidieron que obviamente sería mi nombre S.K.A. Aunque los llamé mis Baby Beasts, necesitaban su propio nombre de agente individual. Ellos fueron capaces de elegir sus propios nombres basados en sus características personales, y si bien un poco de ayuda necesaria de la clase, la mayoría sabían exactamente lo que querían.

El momento más divertido fue cuando nombramos a Marlon "Biggie" ("Grandulón"), y Caslyn llegó tarde de una cita de ortodoncista. Marlon mide más de seis pies de altura y Cassie es pequeña. Se paró al lado de "Biggie" y alzó la mirada para verlo mejor.

"¿Qué debería ser yo?" ella le preguntó.

"¡Smalls (Pequeños)!" Grité.

19

"Demasiado reciente, señorita. Demasiado reciente", dijo Ernie, sin perder el ritmo. Busca Biggie Smalls si no sabes quién es.

Al final del año, Cindy Grady, la editora de este libro, vino a la clase para ayudarnos a elegir la organización a la que donaríamos los ingresos netos de su impresión. Los estudiantes ya nominaron organizaciones que significan algo para cada uno de ellos, y luego redujimos las opciones a las siguientes organizaciones que se sometieron a votación secreta cuando Cindy se unió a nosotros:

- Inclusive Communities (para proporcionar becas a los estudiantes para asistir al InclusCity Camp en Omaha).

- Make-a-Wish Foundation

- Humane Society

- Juvenile Diabetes Research Foundation

- Siena Francis House (para las personas sin hogar en Omaha)

- Dysautonomia Foundation

- Mosaic (para personas con enfermedad mental)

Cindy anotó los votos y anunció que la Fundación de Investigación de Diabetes Juvenil había ganado la mayoría de los votos. Nuestro S.K.A. El agente que descubrió a principios de ese año que era diabético se llenó de alegría, al igual que toda la clase.

Luego, tomamos fotografías de cada estudiante contra la pizarra, y el resto de los estudiantes escribieron palabras alrededor de cada persona para describirlas. (Nuevamente, ¡gracias Pinterest!) Incluso hicieron que Sydney se tomara una foto y escribieron palabras a su alrededor, a pesar de haberla recién conocido. No tuvieron problema en decir palabras positivas sobre los demás, celebrando la organización ganadora, sobre dar la bienvenida a

Cindy con los brazos abiertos, y al verlos me di cuenta de que todos sabían mucho el uno del otro, se preocupaban entre sí, y tal vez incluso se querían como familia. El trabajo de Freire definitivamente había ocurrido aquí.

CLASIFICADO

CASLYN LANGE – S.K.A "SMALLS"

> *Recuerde, no hay tal cosa como un pequeño acto de bondad. Cada acto crea una onda sin fin lógico.*
>
> — Scott Adams

Una chica me estaba ayudando con mi hoja de trabajo, y cuando terminamos, le dije: "Gracias por toda la ayuda. Fue muy amable de tu parte. Gracias también por tu paciencia". Me reí. Estaba nerviosa antes de hacerlo, pero las palabras se salieron. Me gustó la sensación y fue genial poder mejorar el día de alguien. Es bueno ser amable con la gente que es agradable, ya que probablemente no reciben tanta atención como se merecen. Debido a mi acto de bondad, probablemente no le importará ayudarme cuando lo necesite.

Una vez, había una chica, estudiante de segundo año, creo, caminando por el pasillo. Se le cayeron $40 en el piso y no se dio cuenta. Lo recogí, y el niño al lado mío lo vio y me dijo: "¡Oh, es tu día de suerte!" Corrí hacia ella, le toqué el hombro y le dije que lo ví caer. Ella sonrió y dijo: "¡Muchas gracias!" y dije: "De nada," y me alejé. Sé que no era una tarea, y no sabía que iba a suceder. Simplemente fue arrojado frente a mí. La reacción de mi compañero de clase me hizo darme cuenta de que no mucha gente la habría devuelto. Su reacción me hizo comprender que más gente debería hacer cosas buenas por el estilo; no debe haberle sucedido muchas cosas buenas porque estaba TAN EXTRAÑADA. Estaba orgulloso de mí mismo y esperaba un buen karma en los días venideros.

MACKENZIE CARLSON– S.K.A "CHEEZY"

> *La fragancia siempre permanece en la mano que da la rosa.*
> — Hada Bejar

No fue hasta que recibí mi segunda tarea que me metí en el espíritu de la idea. Tuve que escribir una carta a un funcionario de la escuela con la que había pasado una gran parte del tiempo y a quien realmente había llegado a conocer. Siempre había escuchado cosas feas acerca de este oficial, pero cuando llegué a conocerla, me sorprendió lo amable y cariñosa que era. Ella es la persona imprescindible, la que hace las cosas y se asegura de que se sigan las reglas, y la respeto por eso. Siempre me preguntaba cómo iban mis clases y cómo fue mi día, y siempre se preocupaba por mi experiencia en la escuela secundaria. Le escribí una carta diciéndole cuánto apreciaba todo lo que ella había hecho por mí y le agradecí por ser tan servicial. Estaba enferma y no me sentía bien ese día, pero me sentí realmente eufórica y feliz después de escribir la carta. Tenía la esperanza de que este acto cambiaría la escuela al dar confianza a los administradores y al cambiar su percepción de cómo los ven los estudiantes.

En otra ocasión, estaba tratando de decidir a cual conserje debería escribirle una nota. Decidí escribirle a Matt Z. porque es muy amable y siempre hace su mejor esfuerzo. Cuando se lo di a su madre para que se lo diera, ella me dijo que él había tenido un mal día, y que esta era mi oportunidad de hacerlo sentir orgulloso de su trabajo. Estaba nervioso porque tenía miedo de que descubriera que yo era quien le había dado la carta, pero estaba emocionado de poder ayudar a alguien. Me sentí feliz casi al instante y me alegré de poder ayudarlo a sentirse bien consigo mismo. Tenía la esperanza de que mi bondad se contagiara a los demás.

AYELE DALMEIDA– S.K.A "A. CAT"

> *Donde sea que haya un ser humano, hay una oportunidad para la bondad.*
>
> — Seneca

La primera vez que comencé a hacer las evaluaciones de SKA, estaba realmente avergonzada y quería dejar de hacerlo. La gente estaba confundida porque nunca antes había sido amable con ellos. Pero los nuevos niños con los que me senté fueron muy amables conmigo, y todos hablamos sobre cosas diferentes y nos conocimos mejor. Después de que terminamos el proyecto, me sentí muy bien, porque esta era la primera vez que hacía algo así. Estaba tan orgullosa de mí misma, porque no renuncié a pesar de que la gente se estaba burlando de mí. La gente pensaba que me estaba volviendo loca, como cuando yo estaba recogiendo basura, y no tenían idea de lo que yo estaba haciendo. Lo más importante que obtuve al hacer esta tarea fue creer siempre en mí mismo, y no importa cuán mala sea la vida o qué diga la gente, nunca me rendiré, incluso si creo que no puedo manejarlo.

Después del proyecto, era una persona totalmente diferente, porque mi padre estaba orgulloso de mí, todos mis amigos estaban orgullosos de mí, y también mis profesores. Lo único que me importaba era lo que decían. Mientras tuvieran mi espalda, podría hacer cualquier cosa. Por primera vez en mi vida, me sentí apreciado y me sentí orgulloso de mí mismo por la forma en que ayudé a la gente.

KASHYA BURRELL– S.K.A "KASH-YEAH"

*Encontrémonos siempre con una sonrisa, porque la
sonrisa es el comienzo del amor.-*

— Madre Teresa

Honestamente, no tengo un acto favorito. Disfruté poder hacer casi cualquier cosa. Yo era capaz de sonreír a alguien en el pasillo más a menudo, y las conversaciones iniciales con los demás me hizo sentir más realizado. Sentí que estaba haciendo una diferencia en sus vidas. No cambió mis pensamientos dramáticamente al principio, hasta el final, cuando dejé de sonreír a la gente. Me sentí aburrido y casi solo, a pesar de que yo estaba con la gente, así que empecé sonriendo y hablando con la gente nuevamente, y me sentí mejor. Esto no solo afectó positivamente a las personas con las que hablé, sino que también me afectó positivamente. Espero que al hacer pequeñas cosas como sonreír y hablar con otros, también quieran hacer un esfuerzo para hablar con otras personas. No solo mejorarán el día de otra persona, sino que su propio día mejorará.

Una vez me acerqué a una mesa diferente en la cafetería y las chicas me miraron. Dejé mi bandeja y fui a buscar ketchup. Volví y las chicas me miraron confundidas hasta que una dijo: "¿Por qué estás aquí?" Dije que necesitaba sentarme en otra mesa por el día. Después de eso, me recibieron con los brazos abiertos. Nos sentamos, comimos y hablamos. Fue grandioso, y después noté que estaba de mejor humor. Para mí el ser capaz de ser yo misma sin ponerme una máscara fue fántastico y una nueva experiencia.

CLASIFICADO

ADRIAN DIAZ– S.K.A "SPIKEY"

> *Es la característica del hombre magnánimo no pedir ningún favor, sino estar dispuesto a hacer la bondad hacia los demás.*
>
> — Aristóteles

Le escribí una carta a una de mis maestras favoritos y la dejé sobre su escritorio con una barra de chocolate Snickers. Estaba preocupado por cómo iba a poner la carta sobre la mesa sin que ella supiera que era yo, pero lo hice y estaba orgulloso de mí mismo. Creo que a mi maestra le gustó más la barra de Snickers que la letra. ¡NO! Solo bromeo. Le gustaba la carta, pero no sabía de quién era, así que eso lo hizo mejor.

MARIBEL NAVARRETE - S.K.A. "CHI"

> *El odio, los celos y el apego excesivo causan sufrimiento y agitación. Siento que la compasión puede ayudarnos a superar estos disturbios y permitirnos regresar a un estado mental tranquilo. La compasión no es solo ser amable con tu amigo. Eso implica apego porque se basa en las expectativas. La compasión es cuando haces algo bueno sin expectativas, basado en darte cuenta de que "la otra persona también es como yo".*
>
> — Dalai Lama

Sabiendo que eres la razón por la cual alguien más tiene un buen día después de que comenzó como uno malo, te da la sensación que no entenderían muchas personas. Sin embargo, ¡vivo por ese sentimiento! Cuando era pequeña, recuerdo haberle contado a mi madre sobre lo que quería ser, y ahora me cuenta que todo lo que siempre quise hacer fue ayudar a la gente. Hacer esta tarea me recordó la pasión que tengo por las personas. Antes de esto, estaba perdiendo mucha fe en la humanidad porque seamos sinceros ... el mundo es cruel. Entonces, cuando tuvimos la oportunidad de obtener una calificación por ser una buena persona, me hizo sonreír. Luego obtuvimos las tareas, y los estudiantes de mi clase estaban tan emocionados como yo, y eso me hizo preguntarme cuántas otras personas les encantaría hacer cosas como esta.

Para una de mis tareas, tuve que sonreír a todos los que vi. Ya no sonreía mucho, así que esta tarea causó que me doliera la mandíbula ... ¡MUCHO! Sin embargo, me gustó, porque no mucha gente sonríe hoy en día, así que cuando vi todas las caras sonrientes viniéndose hacia mí, me hizo sentir muy bien.

CLASIFICADO

LAUREN JOHNSON - S.K.A. "BUTTERFLY"

> *Lo que el sol es para las flores, las sonrisas son para la humanidad. Estas no son más que pequeñeces, sin duda; pero esparcidas a lo largo del camino de la vida, el bien que hacen es inconcebible.*
>
> — Joseph Addison

Ayudé a alguien a llevar una carga pesada. Siempre hago eso, pero me hizo sentir bien de todos modos y orgulloso de mí mismo. También escribí una nota a uno de los administradores y la puse en su escritorio. En la nota, les agradecí por todo lo bueno que hacen por la escuela. Siento que hice algo muy agradable y buena. Estaba nerviosa, quería que les gustara, pero finalmente me sentí bien conmigo misma porque sé que mejoré el día de alguien.

LANCE OTTO - S.K.A. "SCRAPPY DOO"

> *Mientras observemos el amor por los demás y el respeto por sus derechos y dignidad en nuestra vida diaria, entonces, ya sea que seamos educados o no, creamos en el Buda o en Dios, sigamos alguna religión o ninguna, siempre que tengamos compasión por los demás y nos comportemos con moderación por un sentido de responsabilidad, no hay duda de que seremos felices.*
>
> — Dalai Lama

Estaba teniendo una mala mañana, pero me quedé después de clase antes de ir a almorzar y organicé el carrito de la computadora portátil. Esto mantuvo mi mente ocupada durante un tiempo, y mientras estaba guardando las últimas computadoras, la maestra me dijo que me fuera a almorzar … LOL. Ella me mata de la risa. Me siento apreciado por ayudarla. Ella estaba concentrándose en hacerme ir a almorzar, pero yo quería terminar lo que había comenzado. Me sentí bien por ayudar e intentar asumir cierta responsabilidad por la incapacidad de mi clase de devolver las cosas a su lugar.

En otra ocasión, recogí basura después de la escuela durante treinta minutos. Empecé en mi última clase del día recogiendo cosas del piso. Cuando estaba limpiando, recibí algunas miradas raras. Seguí trabajando en mi tarea de S.K.A. Pensé que iban a burlarse de mí, pero me sentí muy bien con lo que sucedió a continuación. Me dieron las gracias un par de veces, lo cual fue agradable y me hizo sentir que me apreciaban. Fue bueno saber que la gente a veces ve bondad. ¡Me hizo sentir emocionado de obtener mi próxima tarea y ver cómo resultaría!

CLASIFICADO

NICK REVIA - S.K.A. "SLICK"

> *Olvídate de las lesiones; nunca olvides la amabilidad*
>
> — Confucio

Estaba teniendo un día bien, y entonces vi a una de mis maestras cargando una caja grande, así que me ofrecí a tomarla y llevarla a su aula. Me sentí muy bien acerca de lo que había hecho y me gustó ayudar a alguien que lo necesitaba. Más tarde, me sentí feliz. En otra ocasión, escribí una carta a la dama de asistencia, la Sra. Jones. Me sentí muy bien acerca de lo que escribí y cómo podría afectarla. También recogí basura en la escuela. Creo que recogí casi todo y estaba orgulloso de mí mismo por hacer un buen trabajo. Antes estaba de mal humor, pero después de ver los resultados de mi arduo trabajo, me sentí mejor.

RACHAEL EVANS - S.K.A. "REVANS"

> *El que siembra cortesía, cosecha amistad, y el que planta bondad, reúne amor*
>
> — San Basilio

Hubo un montón de actos que me gustaron y me encantaron, pero tendría que decir que mi Acto Secreto de Bondad favorito era escribirle una carta a una de mis maestras dándole las gracias por todo lo que ha hecho por mí. En mi tiempo en la escuela, solo he tenido tres maestros a quienes realmente les importa no solo mi educación, sino que yo también les importo. Estaban y todavía están ahí para apoyarme cuando estoy deprimida y necesito a alguien con quien hablar. Es muy raro encontrar un maestro con quien se puede llevarse bien en la forma en que lo hice con la mía. Entonces, supongo que lo que estoy diciendo aquí es trata a tus profesores con respeto y cuando encuentres profesores con los que te conectas, no los sueltes.

Espero que todos noten lo que hemos hecho y lo lleven más allá de la escuela. Lleva la bondad al mundo real, y quien sabe, solo una sonrisa, un saludo o incluso un reconocimiento podría cambiar el día de alguien. Sal de tu zona de confort y dí "Hola" a alguien con quien normalmente no hablas, dona un dólar a las personas sin hogar y ve más allá de los límites de lo que estás acostumbrado a hacer. Podrías cambiar el mundo.

ERNESTO "ERNIE" MORAN - S.K.A. "LIGHTNING/VOLTIC"

> *La bondad es alegrar los corazones de aquellos quienes viajan en el oscuro viaje con nosotros*
> — Henri Frederic Amiel

Al principio no estaba seguro de cómo iba a ayudar, así que ayudé a un amigo con sus tareas de matemáticas, lo que me hizo sentir bien e inteligente. Otro día, vi a un maestro moviendo un carrito lleno de cosas, así que abrí la puerta de su clase para él. Me dio las gracias y me dijo que era amable y trabajador, y eso me hizo sentir increíble. Luego, me senté en tres mesas diferentes durante el almuerzo. Fue interesante hacer nuevos amigos y hablar con personas con las que no había hablado en mucho tiempo. Estaba nervioso de que la gente me juzgara, pero se sintió bien después de un tiempo y fue agradable conocer gente nueva. Le dije a un profesor que limpiaría su automóvil. Ella me abrazó y se rio, diciendo que era dulce. Fue genial ver su reacción, estaba realmente feliz de ver cómo me alegraba su día, me hacía sentir todo cálido y sentimental por dentro.

FERIAL PEARSON

JESUS RODRIGUEZ - S.K.A. "TORCH"

> *Estamos aquí por una razón. Creo que un poco de la razón es lanzar pequeñas antorchas para conducir a la gente a través de la oscuridad.*
>
> — Whoopi Goldberg

Estaba nervioso dando una tarjeta de cumpleaños a alguien que no conocía. Pensé que era un poco extraño e incómodo, pero después, me sentí bien. Fue agradable. Le escribí una amable carta a un amigo también y le dije cosas buenas. Estaba tranquilo antes de eso ya que ya conocía a la persona. Estoy seguro de que hizo su día, y me sentí muy bien porque hice algo serio por alguien.

Para otra de mis tareas, me senté al lado de Tanner, alguien con quien normalmente no me siento. Antes de hacer esto, estaba nervioso, porque nunca solía salir. También estaba un poco asustado de hacerlo. Me sentí incómodo al principio. Después de intercambiar un par de palabras, las cosas se pusieron un poco menos incómodas, después de hacer esta afirmación, me sentí como una mejor persona. También me sentí feliz de haber hecho un nuevo amigo.

CLASIFICADO

JESSICA SWINNERTON - S.K.A. "J. SWINN"

> *El compartir mucho y frecuentemente... el saber que hasta una vida ha respirado más fácil porque tú has vivido. Esto ha tenido éxito*
>
> — Ralph Waldo Emerson

Bueno, como S.K.A. no hice nada que cambiaría el mundo a lo grande, nada que fuera extravagante. Era fácil y divertido. Sonreí toda una semana a la gente; lo más probable es que pensaron que estaba loco, pero sabía que tal vez hizo que el día de alguien fuera un poco más brillante. Al final de la semana, me dolían tanto las mejillas, pero me sentía bien conmigo misma. También escribí una nota anónima a una maestra informándole que era una buena maestra. Elegí al profesor más desagradable de la escuela y escribí una nota sensata diciéndole que era una buena maestra por aguantarnos, los adolescentes enloquecidos.

Las otras cosas que hacía eran comunes para mí, como hablar con una persona que estaba sola, tener la puerta abierta para alguien, ofrecer mi asiento a alguien viejo o embarazada, ayudar a las personas que se caían o dejaban caer sus libros. Entonces, supongo que lo más común es hacer que alguien sonría por ese momento.

Lo que aprendí de todo esto es que todos tenemos sentimientos. No solo me siento bien cuando alguien hace algo bueno por mí, sino que también sé que se sienten bien. Puede que no sea yo quien cambie el mundo, pero puedo asegurarte de que fui parte de algo positivo. Sé que una vez esto "S.K.A." La cosa se detiene, no lo haré. Continuaré haciendo esto mientras viva, ya que se remonta al simple dicho de "tratar a los demás de la forma en que desea que lo traten".

TRISTON HERRING - S.K.A. "TRIS-DOG"

> *Es la característica del hombre magnánimo no pedir ningún favor, sino estar dispuesto a hacer la bondad hacia los demás*
>
> — Aristóteles

En todo nuestro proceso de S.K.A. realicé varios actos de bondad, algunos en secreto y otros en público. Me encanta hacer cosas amables por los demás. Siento que puede mejorar el día de alguien. Le envié una carta de agradecimiento anónimamente a Jesús, porque lo veo siempre recogiendo basura. Me quedé después de clase durante dos minutos para ayudar a limpiar el aula de arte. La gente salió del aula, dejándolo muy desordenado y dejando marcadores y papeles por todas partes. Así que fui y lo recogí todo. El maestro no sabía que yo hice la limpieza, pero estoy seguro de que lo apreciaba. ¡Me sentí genial después! Me sentí todo cariñoso y amistoso y astuto, porque él no tenía ni idea de que yo lo limpié.

Me encanta hacer actos de bondad secreta para los profesores porque creo que a veces los estudiantes les hacen pasar un mal rato. Al recibir un acto de bondad secreto, podría alegrarles el día. Después de hacer un acto de bondad, me siento muy feliz y orgulloso de mí mismo. Creo que las personas deberían unirse en paz, no con odio. Así que al hacer actos de bondad, estás haciendo feliz a alguien, y el no tener personas infelices significa menos odio del uno hacia el otro, que es lo que quiero.

CLASIFICADO

MARLON FERNANDEZ - S.K.A. "BIGGIE"

> *La ternura y la bondad no son signos de debilidad y desesperación, sino manifestaciones de fortaleza y resolución.*
>
> — Kahlil Gibran

Me quedé después de clase para borrar la pizzara de mi maestra. Me quedé de todos modos para tratar de terminar mi examen, y cuando llegué a mi siguiente clase, llegué tarde, pero no me importó, porque creo que hice que mi maestra se sintiera mejor. Me sentí más feliz después de eso, pero no demasiado porque normalmente estoy feliz.

Escribí una carta de agradecimiento a un conserje e incluí un regalo con ella. Lo deslicé en su oficina sin que él lo mirara, y espero que no lo tiró pensando que era basura sin mirarlo. Creo que hice el día de alguien, pero aún me siento bien, aunque lo podría haber tirado, porque aún lo hice, y eso es lo que cuenta.

A veces, lo más amable que puedes hacer por alguien es mostrarles misericordia y perdón. Si pudiera enseñarle una cosa al mundo, sería eso.

VICTORIA KASTRUP - S.K.A. "WINGS"

> *¡Qué lejos esa pequeña vela arroja sus rayos! Así brilla*
> *una buena acción en un mundo cansado*
> — William Shakespeare

Mi tarea de S.K.A. incluyó mirar a la gente en los ojos y mientras les sonreía durante tres días. Sonreí a todos. Además, algunos me miraron mal, como si estuviera loco. Algunos simplemente me miraron incómodamente, así que bajé la mirada, pero me sentí más feliz por alguna razón ¡y tenía una boca que me dolía mucho! Me volví un poco menos incómodo al sonreír a las personas y mirarlas a los ojos. Me gustó, y creo que animé a algunas personas. Con suerte, puedo continuar haciendo esto de vez en cuando para ayudar a impulsar a más personas.

Envié una tarjeta de cumpleaños anónimamente, abrí las puertas abiertas para la gente, y cada vez que hacía una tarea me sentía más feliz. Siempre me hizo sentir mejor y me sentí más despierto.

ALEXIS "LEXI" JOHNSON - S.K.A. "PEANUT"

> *Grandes oportunidades para ayudar a otros llegan raramente, pero los más pequeños nos rodean todos los días.-*
>
> — Sally Koch

Fui a la biblioteca para almorzar, y esta persona siempre está sentada sola, así que me senté con ellos. Estaba nerviosa porque no sabía lo que iban a hacer o decir, pero me sentí aliviada al saber que podía mejorar el día de alguien haciendo algo que fuera fácil para mí. Se siente genial ayudar a alguien sentado a solas para que no se sienta solo. Me hace feliz saber que están felices.

Ya estaba emocionada por mi próxima tarea, y tenía curiosidad sobre lo que sería. En otra ocasión dejé una nota para una de mis maestras, dándole las gracias por todo lo que hace para nuestra clase y todo su arduo trabajo. No sabía cómo respondería ella y cuándo sería el momento adecuado para dejar la nota, pero funcionó. ¡Estaba tan feliz porque estaba entusiasmada con la nota y realmente significaba algo para ella! Hice lo mismo con la asistente de asistencia, todas las veces que mi madre me llamó fuera de clase y me dejó ir a mi automóvil con un pase. Se siente tan bien al mostrar a las personas que realmente son apreciadas. Definitivamente volvería a hacer esto.

FERIAL PEARSON

KENDRA STORY - S.K.A. "KIKI"

> *Siempre sé amable, porque todos están luchando una batalla dura.*
>
> — Platón

Hice una tarjeta que decía: "Sólo para alguien especial", y traía un caramelo para la maestra. Yo estaba de mal humor antes de ponerlo en su escritorio. Ella no sabía que era de mi parte, pero me di cuenta que lo apreciaba. Hacer ese simple acto me puso de mejor humor. Terminé sintiéndome mucho más feliz y mejor conmigo misma en general. También dejé una nota y chocolate para las bibliotecarias, y pude ver que estaban felices y un poco sorprendidas. ¡Ya estaba teniendo un buen día, pero mi día fue aún mejor! Incluso sostuve la puerta para otra maestra que tenía las manos llenas, y me di cuenta de que estaba realmente sorprendida. Me siento bien de haber hecho algo bueno por alguien que lo apreció.

CLASIFICADO

CORRINE COSGROVE - S.K.A. "ANGEL"

> *Las palabras amables producen su propia imagen en las almas de los hombres, imagen que es hermosa. Ellas apaciguan, tranquilizan y consuelan a quien las oye. Todavía no hemos empezado a utilizar palabras amables en tal abundancia como deberíamos hacerlo.-*
>
> — Blaise Pascal

Cuando terminó la clase, y yo sabía que mi acto de S.K.A. era quedarme y ayudar a limpiar, pero estaba nerviosa, preocupada y no quería ayudar. Me quedé y arreglé las mesas que habían sido tirados por todas partes. Cuando me estaba yendo, la maestra me agradeció y apreció mi ayuda. Mi estado de ánimo mejoró, y me sentí feliz y realizada.

ALYSSA SCHIRMBECK - S.K.A "SPIRIT"

> *No deseo mover montañas, construir monumentos o dejar a mi paso evidencia material de mi existencia. Pero en el recuerdo final, si la esencia de mi ser ha causado que una sonrisa haya aparecido en tu rostro o un toque de alegría dentro de tu corazón . . . entonces en la vida, he dejado mi marca.*
>
> — Thomas L. Odem, Jr.

Cuando Mama Beast vino a nosotros con la noticia de que podriamos escribir un libro, ¡me llené de alegría! Pero estaba algo nerviosa. Pensé en lo que la gente pensaría de mí y en cómo afectaría a mi vida, y luego pensé: "¿Sabes qué? No importa lo que la gente piense, a la larga voy a hacer felices a los demás, y a cambio, seré feliz yo misma".

Mis pensamientos cambiaron después de completar la primera tarea. ¡Me encantó! Escribí una carta de agradecimiento anónima a los conserjes. Lo llevé a la oficina y le pedí a una de las recepcionistas que lo pusiera en el buzón de un conserje. No estoy segura de quién lo leyó, pero sé que me sentí muy bien escribiéndolo. ¡Estaba orgullosa de mí misma porque no creo que nadie realmente muestre aprecio a los conserjes, que merecen reconocimiento y que se los reconozca por todo el arduo trabajo que hacen para que nuestra escuela se vea como siempre!

La segunda tarea consistía en escribir una nota de agradecimiento a los bibliotecarios y la lista de todo lo que admiro de ellos. Cuando la Sra. Basye todavía era nuestra bibliotecaria, escribí un correo electrónico de agradecimiento tanto a ella como a la Sra. Sanders porque realmente disfrutaba de estar en la biblioteca y conocerlos. Estaba un poco nerviosa sobre el enviar el correo electrónico porque sabía que no sería anónimo, pero me alegró ver las sonrisas en sus caras cuando me agradecieron el correo electrónico.

CLASIFICADO

En mi tercera tarea me sentí más a gusto siendo amable y servicial. Tenía que ayudar a alguien que estaba luchando con la tarea o el trabajo de clase al menos una vez esa semana. Ayudé a mi hermano y hermana con sus tareas. Fue muy divertido ser reintroducido a las cosas que aprendí en la escuela media y la escuela primaria. También me gustó verlos descifrar sus tareas y lo felices que estaban porque lo entendieron. ¡También me enorgulleció haber podido ayudarlos!

Mi cuarta tarea fue una que mis amigas y yo hicimos, aunque que no lo tuvimos que hacer. En Avenue Scholars, tenemos que ser "adláteres". Adláteres son personas que acompañan a trabajadores y reciben entrenamiento y experiencia en su posible carrera de trabajo. Como recompensa por completar el programa de adláteres, fuimos a patinar. Fue realmente divertido. Hacia la última media hora de patinaje, llegó el siguiente grupo. Todos eran niños pequeños que no parecían saber cómo patinar. Estaban tan entusiasmados y emocionados de patinar que se pegó y estábamos emocionados también. En el momento en que llegaron a la pista de patinaje, cayeron como moscas. No voy a mentir, ¡fue realmente gracioso! Muchos de ellos tenían problemas para patinar y mis amigos Corrine, Maribel y yo sabíamos por qué. Sus patines no estaban atados correctamente. Estaban tan emocionados de patinar que simplemente pusieron los patines y dijeron: "¡Vamos!" Corrine y yo sacamos a dos niños y empezamos a atar sus patines. Entonces, vinieron más y más niños. Tuvimos unos ocho niños cada una. Maribel estaba ayudando a un niño pequeño a un lado para que también pudiera ayudarlo con sus patines. Los niños eran todos tan adorables, y admiré su esfuerzo. Después de que terminamos de atar los patinetes, hubo un anuncio para que todos los estudiantes de Avenida Scholars se fueran. Nos reímos. Habíamos pasado nuestra última media hora atando patines para los niños pequeños en vez de patinar como el resto de los aventureros de la avenida. ¡Todo valió la pena!

Mi quinta tarea es una que hice en casa. Mi hermana Emily y yo estamos en Completely Kids, anteriormente conocida como Campfire USA. Necesitábamos 40 horas de servicio comunitario, así que comenzamos a pensar en cosas que podríamos hacer para ayudar a las personas. Emily y yo sabemos que las personas en hogares de ancianos pueden aburrirse bastante y no tener muchos

visitantes. También sabemos que los niños en los hospitales pueden ponerse muy tristes, así que les preguntamos a los trabajadores si podíamos hacer cosas por ellos y ayudarlos. Hicimos a los niños muchos animales de cuentas melosas y una manta de corbata. Es mucho trabajo y puede ser realmente aburrido, pero vale la pena ver a la gente sonriendo y pasando un buen rato.

En otra ocasión, por mi cuenta, hice tarjetas de agradecimiento para mis profesores. Sé no siempre reconocen todas las cosas maravillosas que nos enseñan, así que pensé que sería bueno hacerles tarjetas de Gracias a cambio de todo su arduo trabajo y hacerles saber lo que son apreciado.

Este último acto que grabé fue una de las cosas que me alegraron el día. Mi mamá me estaba hablando de esta chica que tenía problemas. Dijo que la niña pensaba que era fea, la gente se burlaba de ella y se trató de suicidar. Sabía de quién estaba hablando. Soy una persona tímida, pero caminé directamente hacia la niña y le dije: "Hola, eres muy bonita. Te vi antes y lo pensé por mí misma, pero pensé que vendría y te lo diría. Si vas a estar aquí mañana, ¡definitivamente me gustaría pasar el rato contigo! " La hice sonreír, ¡y fue lo mejor que hice! Tuve que irme esa noche, pero hablé con ella al día siguiente y ella es muy amable. Me alegro de haberla conocido. Con suerte, lo que le dije hará la diferencia.

Las cosas más simples pueden marcar la mayor diferencia en el día de una persona. La bondad puede extenderse, ¡un acto a la vez!

CÓMO Y DÓNDE FORMAR UN EQUIPO DE SECRET KINDNESS AGENT

Cuando salió la noticia de nuestro proyecto, comencé a recibir mensajes de personas que preguntaban si podían hacer nuestro proyecto o alguna versión del mismo. Por supuesto que podrían, ¡y ustedes también!

PRIMER PASO

Forma un grupo, cualquier grupo, con tal que se reunan regularmente. He aquí algunas ideas:

- Tu familia.
- Tu grupo de amistades, grande o pequeño.
- Tu comunidad de fe o un comité / grupo dentro de ella.
- Tu clase.
- Tu escuela o un comité / grupo dentro de ella.
- Un club al que pertenezcas en la escuela o universidad.
- Tu barrio.
- Tu Círculo de Lectores.
- Tu gimnasio.
- Tu equipo de deportes
- Tu banda/sinfonia/quintet/orchestra/choir
- Tus colegas en el trabajo.

SEGUNDO PASO:

Como grupo, decidan a qué lugar afectarán sus acciones y limite sus actos a ese lugar. Puede ser tan grande o tan pequeño como desee. Si es tu escuela, todos los actos deben tener lugar dentro de ella. Para un club del libro, podría ser el barrio en el que se reúne el club, o la ciudad entera.

TERCER PASO:

Una vez que hayan decidido su lugar, creen una lista de actos de amabilidad al azar que llevaran a cargo. Asegúrense de tener tantos actos como miembro del grupo. Pueden decidir mantener todos los actos en el anonimato. Si tienen problemas para encontrar suficientes ideas, usen las de este libro o busquen en línea; ¡hay cientos allí!

* Tengan en cuenta que puede haber personas en su grupo que podrían ser física o financieramente incapaces de completar ciertos actos, así que asegúrese de no incluir ningún acto que pueda excluirlos.

CUARTO PASO:

Decide como un grupo sobre el tiempo que tomará tu proyecto. Podría ser un mes, un año o un tiempo indefinido; ¡depende de tu grupo!

QUINTO PASO:

Creen tus sobres, uno para cada acto de bondad. Creen una lista de canciones cursis sobre justicia social. OPCIONAL: creen un juramento y un conjunto de riesgos.

SEXTO PASO:

Cada vez que se encuentren, tomen cinco minutos al comenzar la reunión para tocar su canción cursi, elegir un sobre y, si los tienen, reciten su juramento y sus riesgos. Al final de la reunión, tómense unos minutos para reflexionar sobre cualquier acto de bondad que hayan realizado, en particular, sobre lo que sucedió y cómo les afectó. Pueden hacer esto por escrito o en discusión, pero la reflexión es importante; les mantiene responsables, recordándose del bien que están haciendo.

EPÍLOGO
LLEVANDO LAS NOTICIAS

por Adam Klinker

Existe el viejo adagio de que no hay buenas noticias en el periódico. Después, hay lo que sucedió en el aula de Ferial Pearson en Ralston High School en la primavera del 2013. Para eso, un periódico ni siquiera era necesario, y, hasta ahora, no era el mejor instrumento para transmitir la simple pero inmensa empresa de dieciocho estudiantes intrépidos y su profesor indomable. Pero el periódico llegó, de todos modos.

No recuerdo exactamente cómo escuché acerca de los Agentes de bondad secreta. Nadie salió directamente y dijo que existía una organización de este tipo, pasando sigilosamente de aula en aula, serpenteando por el enamoramiento de la humanidad entre períodos, ordenando para los maestros, sentándose con otros estudiantes que nunca se habían conocido e iniciando conversaciones, y dejando caer pequeñas mini-subvenciones a los niños que vieron esforzándose, pero luchando. Aunque más tarde supe que Ferial había planeado este proyecto de un semestre, completo con tareas y un componente de diario, la idea me pareció bastante orgánica. Después de todo, incluso el agricultor que siembra un campo con semilla y luego abandona ese campo, verá crecer un cultivo en las próximas temporadas. Lo que sí recuerdo fue el eco de tantos maestros y estudiantes y ayudantes y custodios en Ralston High que me contaron lo que estaba ocurriendo en los pasillos. No fueron las travesuras habituales y golpeteos que vienen con el territorio adolescente bien recorrido que se encuentra entre hileras de casilleros y puertas de clase no descriptas.

CLASIFICADO

No fue el cinismo adolescente innato frente a la verdadera bondad. Y no fue alcanzado a través de la clase de mimos que cualquier novato puede olfatear en un instante. Algo palpable estaba cambiando mejorando en Ralston. Hasta el estudiante de secundaria más duro no era inmune a este repentino estallido de nueva energía positiva.

Todo esto me llevó al aula de Ferial un día de abril, donde los Secret Kindness Agents, un poco vacilantes, revelaron sus verdaderas identidades, y me hablaron de su misión. Después de todo, intentaron efectuar un cambio en la cultura de Ralston, algo que no se hace fácilmente en ninguna escuela. Pero a raíz de la tragedia en la escuela primaria Sandy Hook el diciembre pasado, con todos los rincones exclamando "¿Qué hay que hacer?" aquí estaban estos niños, haciendo algo. La idea era simple: ¿qué pasaría si un simple acto de amabilidad pudiera cambiar el día, la actitud, la vida, en otra dirección? Al igual que los benefactores de antaño, los agentes limpiaban borradores, arreglaban las filas de escritorios y arrojaban basura. Pero también pasaron por los pasillos sonriendo ampliamente a todos los que encontraron. Le dijeron hola al chico tímido y le preguntaron su nombre a la chica que nadie conoce. Le ofrecieron parte de su almuerzo al niño que no estaba comiendo. Lo que comenzó como un secreto pronto se convirtió en un rugido.

Pero, de nuevo, los actos parecían una ofrenda tan pequeña que hacer. Como me dijo Maribel Navarrete: "Mucha gente dice 'No te preocupes por las cosas pequeñas', y nunca he entendido por qué. Las cosas pequeñas a menudo hacen la mayor diferencia en la vida de una persona. Una pequeña grieta en la fundación puede conducir a problemas importantes ". Encontré su metáfora más que apta. Los Secret Kindness Agents fueron, en cierto modo, reconstruyendo la forma en que ellos, sus profesores y sus semejantes, veían al mundo.

Como periodista del periódico local, estaba familiarizado con la mayoría de los estudiantes en el programa Avenue Scholars. Los había visto en varias otras formas como poetas, presidentes de club y activitis. Estos eran niños de todos los ámbitos de la sociedad altamente estratificada del colegio secundario. Y aquí estaban, atravesando los límites sacrosantos

para practicar actos aleatorios y, en ocasiones, no tan aleatorios, desde el corazón hasta el mejoramiento de su escuela y de ellos mismos. Lo que me llamó la atención no fueron los típicos comentarios de la escuela secundaria con los que me encuentro cuando le pregunto a los jóvenes sobre sus proezas, sino más bien la tranquila certeza que cada uno poseía.

Ellos sabían lo que estaban haciendo. Se enorgullecieron de eso. Pero no consideraron necesario gritarlo desde los tejados. Estos constructores del nuevo mundo entendieron que son relativamente pocos los que aparecen en los titulares. Son muchos los que hacen el trabajo. Estar en el negocio de hacer el bien en esta Tierra residía bien en ellos. Aquí había miles de años de sabiduría alumbrando a los jóvenes: si cada acto que emprendemos en este plano de existencia tiene su eco igual en otro lugar, en otro momento, que ese eco sea uno que resuene con paz y luz.

Y esa es la definición misma de la buena noticia.

PALABRA FINAL

Ha pasado un año desde que comenzamos nuestro proyecto, y aunque ya no soy su maestra, me he mantenido en contacto con mis Secret Kindness Agents. Siguen contándome acerca de simples actos de bondad que ven, reciben o completan por sí mismos. Hace unos meses, Mackenzie apareció, al azar, a mi puerta con una tarjeta de agradecimiento y algunos chocolates, y significó mucho para mí. Cuando le pregunté qué había estado haciendo durante el año pasado, me dijo: "Dejo pequeñas notas para la gente que dice cuánto las aprecio. Cuando estaba nevando, raspé los parabrisas de las personas y dejé una nota que dice "Secret Kindness Agents". El otro día pagué los víveres de una señora. No era tan secreto, pero era algo especial para ella. Me gusta que signifique algo para otras personas. Tal vez les haga creer que todavía hay algo bueno por ahí. "

Esto fue muy importante para mí porque "Cheezy" ya no va a la misma escuela y continúa con nuestro proyecto.

Les pregunté a algunos de los Agentes cuáles que pensaban sobre el proyecto ahora y debería haber sabido que sus respuestas me harían doler la cara al sonreír tanto. Ayele dijo que el proyecto le enseñó que debería seguir su corazón, y por eso no deja que nadie ni nada la decepcione más. Ella siente que es mucho más fuerte de lo que creía que era. Esto significó mucho para mí, porque Ayele tenía tanto miedo de completar las tareas al principio. Tenía terror de que la gente se riera de ella y, que cuando lo hicieran, se sentiría devastada.

Kashya dijo que hacer el proyecto la hizo sentir como si le hubieran quitado un peso de los hombros porque era lo correcto. Se sintió bien porque sabía que no pasó su tercer año jugando; ella realmente hizo algo para mejorar el día de alguien. Todavía está pendiente de

CLASIFICADO

oportunidades para ser amable. Ernie dijo: "He estado más tranquilo y relajado con la gente ahora. Se me ha hecho mucho más fácil simplemente hablar con alguien y forjar una pequeña amistad porque trato de ayudar a esa persona. De alguna manera todavía estoy haciendo los actos de bondad, pero ahora están sucediendo inconscientemente ". Jesús agregó: "Tendría que estar de acuerdo y decir que ahora, en lugar de esperar nuestra próxima tarea, los hacemos inconscientemente, y nunca espero nada de ellos. Es simplemente bondad".

Durante nuestro tiempo juntos, vi a mis Bestias Bebés convertirse en familia. Los vi elevarse el uno al otro cuando alguien estaba deprimido, celebrar los logros de otros y sonreír valientemente a través de las lágrimas. Uno de mis agentes intentó suicidarse catorce veces antes de llegar a mi clase; ahora florece y camina con la cabeza alta y los ojos abiertos a las oportunidades de ayudar a los demás.

La bondad nos dio esperanza, que aplastó la ira en mis alumnos y la sensación de in-utilidad en mí. Nos dio un sentido de propósito como grupo e individualmente. Creó aliados en nosotros y silenciosos defensores de los intimidados, y nos dio todo el valor para respirar profundamente y hacer algo pequeño, sin tener idea del impacto de nuestras acciones. Lo más importante es que ayudó a levantar el velo de la oscuridad que rodea las tragedias personales y globales.

Alguien me dijo una vez que hay una diferencia entre el dolor y el sufrimiento. El dolor viene cuando suceden cosas terribles, pero el sufrimiento proviene de desear que el pasado haya sido diferente. No podemos evitar el dolor, pero sí tenemos la opción de sufrir o no; en lugar de desear que cosas dolorosas nunca hubieran sucedido, podemos trabajar para evitar tragedias en el futuro. Espero que elijas no sufrir, y espero que este libro te dé las herramientas para que eso suceda.

— Ferial Pearson

APÉNDICE

Para Maestros y Educadores
Estándares Nacionales de Enseñanza

Este proyecto trata con algunos Currículos Nacionales o Estándares de Enseñanza, particularmente en las áreas de Estudios Sociales y Artes del Lenguaje. Los maestros pueden usar su creatividad y experiencia para ajustar el proyecto para ser más apropiado para varios niveles de grado, entretejiéndolo en unidades de Estudios Sociales existentes sobre Desarrollo Individual e Identidad o Ideales y Prácticas Cívicas o en al menos siete de las doce normas nacionales de Artes Lingüísticas enumeradas aquí.

Como todos los buenos maestros saben, la reflexión es clave en el aprendizaje, ya sea a través del diálogo escrito o hablado. Como no hay dos aulas iguales, y dado que solo un maestro conocerá los contextos de sus alumnos, el proyecto no se desarrollará de la misma forma en cada aula o escuela; los maestros y los administradores escolares deben moldear este proyecto para que se ajuste a las necesidades de sus propios estudiantes, y yo insto firmemente a que la reflexión ocurra semanalmente, por lo menos. Esto se puede hacer en una discusión grupal completa, conversaciones grupales o en grupos pequeños, diario rápido o escritura más formal. No tiene que tomar mucho tiempo, pero el resultado es poderoso, aún si se logra en cinco minutos.

Por supuesto, la mayoría de las escuelas también tienen un código de conducta. En la escuela de mis hijos y en las escuelas en las que he enseñado, se les dice a los estudiantes: "Sé seguro, sé respetuoso, sé responsable". Este proyecto es una excelente manera de enseñar esos comportamientos también.

CLASIFICADO

ESTUDIOS SOCIALES
Tomado del Consejo Nacional de Estudios Sociales
http://www.socialstudies.org/standards/strands

TEMA 4: DESARROLLO INDIVIDUAL E IDENTIDAD

El estudio del desarrollo individual y la identidad ayudará a los estudiantes a describir los factores importantes para el desarrollo de la identidad personal. Explorarán la influencia de las personas, los lugares y los entornos en el desarrollo personal. Los estudiantes perfeccionarán sus habilidades personales, como demostrar autodirección cuando trabajan para lograr metas personales, y esforzarse por comprender a los demás y sus creencias, sentimientos y convicciones.

En los **primeros grados**, los jóvenes estudiantes desarrollan sus identidades personales en el contexto de las familias, los compañeros, las escuelas y las comunidades. Para este desarrollo, son fundamentales la exploración, la identificación y el análisis de cómo son iguales los individuos y los grupos y cómo son únicos, así como también cómo se relacionan entre sí en formas de apoyo y colaboración.

En los **grados intermedios**, las cuestiones de identidad personal se reorientan a medida que el individuo comienza a explicar sus cualidades únicas en relación con los demás, colabora con sus compañeros y con otros, y estudia cómo se desarrollan los individuos en diferentes sociedades y culturas.

A nivel del **colegio secundario**, los estudiantes deben encontrarse con múltiples oportunidades para examinar patrones contemporáneos del comportamiento humano, util-izando métodos de las ciencias del comportamiento para aplicar conceptos básicos extraídos de la psicología, la sociología y la antropología, que se aplican a individuos, sociedades y culturas.

TEMA 10: IDEALES Y PRÁCTICAS CÍVICAS

Las preguntas que enfrentan los estudiantes que estudian este tema podrían ser: ¿Cuáles son los ideales y las prácticas democráticas de una democracia constitucional? ¿Cuál es el equilibrio entre los derechos y las responsabilidades? ¿Qué es la participación cívica? ¿Cómo se involucran los ciudadanos? ¿Cuál es el papel del ciudadano en la comunidad y la nación, y como miembro de la comunidad mundial?

Los estudiantes explorarán cómo interactúan individuos e instituciones. También reconocerán y respetarán diferentes puntos de vista. Los estudiantes aprenden por experiencia cómo participar en el servicio comunitario y las actividades políticas y cómo usar los procesos democráticos para influir las políticas públicas.

En las escuelas, este tema generalmente aparece en unidades o cursos que tratan de educación cívica, historia, ciencias políticas, antropología cultural y campos como estudios globales y ecuaciones relacionadas con la ley, a la vez que se basan en el contenido de las humanidades.

En los **primeros grados,** se presentan los ideales y prácticas cívicas a través de actividades tales como ayudar a establecer expectativas en el aula, examinar experiencias en relación con ideales, participar en elecciones simuladas y determinar cómo equilibrar las necesidades de las personas y el grupo. Durante estos años, los niños también se tropiezan con puntos de vista sobre la ciudadanía en otros tiempos y lugares a través de historias y drama.

En los **grados intermedios,** los estudiantes amplían su conocimiento de las prácticas y los ideales democráticos, junto con su capacidad para analizar y evaluar las relaciones entre estos ideales y prácticas. Pueden verse asumiendo roles cívicos en sus comunidades.

A nivel del **colegio secundario,** reconocen cada vez más los derechos y las responsabilidades de los ciudadanos a la hora de identificar las necesidades sociales, establecer instrucciones para las políticas públicas y trabajar para apoyar tanto la dignidad individual como el bien común. Se familiarizan con los métodos para analizar asuntos públicos importantes y evaluar diferentes recomendaciones para tratar estos temas.

ESTÁNDARES DE ARTES DEL LENGUAJE

Tomado del Consejo Nacional de Maestros de Inglés

http://www.ncte.org/standards/ncte-ira

ESTÁNDAR 4

Los estudiantes ajustan su uso del lenguaje hablado, escrito y visual (por ejemplo, convenciones, estilo, vocabulario) para comunicarse efectivamente con una variedad de audiencias y para diferentes propósitos.

ESTÁNDAR 5

Los estudiantes disfrutan de una amplia gama de estrategias como es debido y usan los diferentes elementos del proceso de escritura de manera apropiada para comunicarse con diferentes audiencias con una variedad de propósitos.

ESTÁNDAR 7

Los estudiantes realizan investigaciones sobre problemas e intereses generando ideas y preguntas, y oponiéndose a problemas. Recolectan, evalúan y sintetizan datos de una variedad de fuentes para comunicar sus descubrimientos de manera que se adapten a su propósito y audiencia.

ESTÁNDAR 9

Los estudiantes desarrollan una comprensión y respeto por la diversidad en el lenguaje utilizado, los patrones y dialectos en todas las culturas, grupos étnicos, regiones geográficas y roles sociales.

ESTÁNDAR 10

Los estudiantes cuyo primer idioma no era el inglés usan su primer idioma para desarrollar competencia en las artes del lenguaje inglés y para desarrollar la comprensión del contenido a través del plan de estudios.

ESTÁNDAR 11

Los estudiantes participan como miembros conocedores, reflexivos, creativos y críticos de una variedad de comunidades de alfabetización.

ESTÁNDAR 12

Los estudiantes usan el lenguaje hablado, escrito y visual para lograr sus propios fines (por ejemplo, para el aprendizaje, el disfrute, la persuasión y el intercambio de información).

ABOUT THE AUTHOR

Ferial Pearson
S.K.A. "Mama Beast"

Ferial Pearson nació y fue criada en Nairobi, Kenya. Es la mayor de cuatro hijas y la primera en su familia directa en ir a la universidad. Después de graduarse del Colegio Poponi en 1997, dejó África para asistir a Gustavus Adolphus College en St Peter, Minnesota, donde en 2001 obtuvo su licenciatura en Enseñanza de Literatura de Artes de la comunicación, y donde conoció a su esposo, Daniel. Se le ofreció la oportunidad de enseñar en el Distrito Escolar Público de Omaha en South High School ese otoño, donde enseñó inglés y lectura. Durante su tiempo allí, también se desempeñó como patrocinadora  del Gay-Straight Alliance y Unity Club, y recibió premios nacionales por su trabajo con los estudiantes y la comunidad. Estos incluyen el Premio Virginia Uribe de la Asociación Nacional de Educación por el Liderazgo Creativo en Derechos Humanos en 2012, el Premio al Educador del Año de la Cadena Educativa de Gays, Lesbianas, Heterosexuales (GLSEN por sus siglas en inglés) en 2011, y fue representante de Nebraska y finalistas del Consejo Nacional de Maestros de Inglés Académico Premio a la Libertad en 2012. Localmente, ha sido galardonada con el Premio de Relaciones Humanas de la Asociación Educativa Omaha

2011, el Premio Profesional Prometedor 2012 de la Universidad de Nebraska en Omaha, y el Premio Anti-Intimidación 2011 de RESPECT y un Premio TOYO (Diez Jóvenes Omahans Sobresalientes) en 2014. También obtuvo su maestría en Currículo e Instrucción con un Certificado de Posgrado en Instrucción Urbana de la Universidad de Nebraska en Omaha en 2009. Ferial dejó Omaha South High School para trabajar como Asesora de Talento para la Fundación Avenue Scholars y enseñó para ellos en Ralston High School durante dos años hasta 2013, tiempo durante el cual creó su proyecto Secret Kindness Agents, que se convirtió en el tema de un libro, un TEDx Talk, y fue el foco de su disertación. Actualmente es Profesora Asistente en la Universidad de Nebraska en Omaha en el Departamento de Educación de Maestros. En 2016, recibió el premio Stephen Sondheim Inspirational Teacher del Centro Kennedy. En 2017, ella recibió su Ed. D. en Liderazgo Educativo. Ella vive en Ralston, Nebraska con su esposo Daniel, su hijo Ilahi y su hija Iman.

RECONOCIMIENTO

Tengo el privilegio de tener tantas personas de apoyo e inspiración en mi vida quienes me han ayudado en mi viaje de escribir este libro, por pequeño que sea.

The Secret Kindness Agents, A.K.A., Mis Bestias Bebés

Mi alma gemela, Dan, mi hijo Ilahi y mi hija Iman.

Mis padres, Ghalib y Fiza; mis hermanas Aliya, Yasmin, y Salma; y mis abuelos.

Mi familia IncluCity en Inclusive Communities que saben quiénes son y son demasiados para enumerarlos aquí.

WriteLife, y en particular, Cindy Grady y Erin Reel.

Sarah Edwards y Jennifer Hensel

Dan Boster

Adam Klinker y el Ralston Recorder

La Universidad de Nebraska en Omaha y la fabulosa facultad (ahora también son mis amigos)

La facultad y el personal de Ralston High School y en particular, Shannon Lewis, Cassie's Envelope Genius, mi compañera de oficina Maria Weaver, la patrocinadora de Gay Straight Alliance Jennifer Stark, y Jonatha Basye la bibliotecaria.

Mis compañeros de trabajo en The Avenue Scholars Foundation - www.avescholars.org

CLASIFICADO

SECRET KINDNESS AGENTS:
(AGENTES SECRETOS DE BONDAD)

Warren Whitted, Sophia Jackson, Cathy Grondek, Christiana Bratiotis, Joni Stacy, Marianne Laski y Jan Duren por su contribución a los sobres de Cassie.